Grüne Freiheit

Gartenträume, Bilder
und Geschichten

Silvia Buol, Simon Baur

Vorbemerkung

Alles, was hier erzählt wird, hat sich ungefähr so ereignet, und die geschilderten Personen haben reale Vorbilder. Als wir die Geschichten und Beschreibungen hörten und in der Folge aufschrieben, wurden wir mit den Menschen vertraut, die sie erlebt und gelebt haben. Wir realisierten auch, wie wichtig die kleinsten Einzelheiten sein können. Denn gerade solche Nebensächlichkeiten können den Ursprung geheimer Leidenschaften offenbaren.

Die Schattenspielerin

Sie stellte keine Fallen, sie stellte Schatten. Dieses Unterfangen ist dem Fallenstellen in gewisser Hinsicht verwandt, weil es ebenso furchterregend und fesselnd sein kann. Sie hatte das Pech, ihre Parzelle von zwei hohen Grenzmauern eines Friedhofs umgeben zu sehen, deren Begrünung von der Verwaltung des benachbarten Gottesackers verboten wurde. Ja, mehr noch, um dem Reinheitsgebot Rechnung zu tragen, wurden die Mauern alle drei Jahre mit einem Kreidegrund geschlämmt. Das brachte die Schattenspielerin als qualifizierte Restauratorin auf eine verwegene Idee. Sie hatte auf dem Gemälde «Christus am Ölberg», das den Malern Hans Herbst und Hans Holbein d. J. zugeschrieben wird, die Wirkung des Schlagschattens einer blühenden Tulpe entdeckt und sich in der Folge mit den unterschiedlichen Qualitäten des Schattens befasst. Sie legte daraufhin in ihrer Parzelle lang gestreckte Erdhaufen an, die sie im ersten Jahr mit sorgfältig ausgewählten Zwiebeln von Tulpen, Schneeglöckchen und Narzissen bepflanzte. Zu Füssen dieser Haufen liess sie eine Modelleisenbahn fahren: drei Güterzüge mit je circa zehn Wagen, die auf verschiedenen, parallel zueinander montierten Gleisen eine Strecke von rund neun Metern vorwärts und rückwärts fahren konnten. Modelleisenbahnen in Schrebergärten sind nichts Aussergewöhnliches, sie aber stattete sie zudem mit einem raffinierten Beleuchtungssystem aus. Sobald die ersten Blumen zu spriessen begannen, setzte sie die Züge nachts in Bewegung, sodass durch die ausgeklügelte Beleuchtung nun verschiedenartigste Schatten auf die Wände projiziert wurden. Wenn die Züge parallel oder versetzt zueinander fuhren, bildeten die Staffelungen und Überschneidungen furchterregende Figuren und Formen, die sich weder genauer bestimmen noch kategorisieren liessen. Dass dies nicht ewig gut gehen konnte, leuchtet unmittelbar ein. Eines Tages erschien in einer regionalen Zeitung eine Notiz, Anwohner hätten nachts merkwürdige Gestalten über die Friedhofsmauer huschen sehen. Die Schattenspielerin beschränkte ihre Aktivitäten daraufhin auf die Walpurgisnacht und die Nacht vor Mariä Himmelfahrt.

Der Sandmann

Man nannte ihn den Sandmann, obwohl er mit Sand eigentlich gar nichts zu tun hatte. Die einen nannten ihn so, da er die meisten Nachmittage in einem alten Schaukelstuhl verschlief, die anderen, weil sie seine Faszination für altes Blechspielzeug kannten. Dieses erwarb er auf Flohmärkten und in Brockenstuben, nahm es auseinander, überprüfte seine Funktionsweise und -tüchtigkeit, um es anschliessend wieder zusammenzusetzen. Diese Tätigkeit erinnerte manche an Coppelius, der in E. T. A. Hoffmanns Erzählung «Der Sandmann» eine von einer versteckten Mechanik angetriebene Puppe konstruiert. Das Häuschen, das er sein Eigen nannte, war im Innern weiss gestrichen, auf der einen Seite stand ein Sofa, auf der anderen Seite eine Werkbank, und auch ein kleiner Herd, auf dem er Eier und Tee kochte, durfte nicht fehlen. Manch einer dachte sich, der Sandmann wohne in diesem Häuschen, in dem sich das Blechspielzeug stapelte, doch war dies nur eines der Gerüchte, die seine Person umwoben. Auch verfügte er nicht über magische Kräfte, wie andere behaupteten. Dass er ein brillanter Geschichtenerzähler war, traf hingegen zu.

 Wie eben beschrieben, verschlief er regelmässig unter einer knorrigen Trauerweide in seinem Schaukelstuhl die Nachmittage. Pünktlich nach dem Mittagessen begann er damit, alte Artikel zu lesen, die er aus den Zeitungen herausgerissen und sich aufgespart hatte. Einige las er bis zum Ende, bei anderen nickte er

auf halbem Wege ein und schlief dann bis
zum Fünfuhrtee. Den bereitete er in seiner
kleinen Küche zu und tunkte dazu auch
an heissen Tagen einen Zwieback oder zwei
in seinen Tee, da dies bei ihm in einem
Madeleine-Effekt Erinnerungen an seine
Kindheit auslöste. Punkt halb sechs ver-
sammelten sich die Kinder aus den benachbarten Gärten um seinen Schaukelstuhl,
weil sie wussten, dass er ihnen bis zum
Abendessen Geschichten erzählen würde,
die er aus den gelesenen Artikeln zu span-
nenden Begebenheiten weiterentwickelte.
Als ich ihn besuchte, hatte er sich ein
biografisch inspiriertes Thema ausgesucht
und brillierte mit einer Geschichte, die

aus dem am 10. Dezember 2016 in der Neuen Zürcher Zeitung erschienenen Artikel «Zur Verteidigung der Müdigkeit» von Roman Bucheli hervorging. Er spann seine Erzählung an diesem Abend aus einem Passus, der ihm besonders gefiel: «Wir sollten, nur weil der Müde gerade nicht so sehr in unser Selbst- und Weltbild passt, seine im Zeichen von Endlichkeit und Vergänglichkeit erhöhte Wahrnehmungsintensität nicht geringschätzen.» Während des Erzählens schlief er allerdings unerwartet ein, worauf sich die Kinder, die sich auf eine spannende Geschichte gefreut hatten, kichernd davonmachten.

Die Unkrautpflegerin

Wer sie ist und wie sie hiess, entzieht sich unserer Kenntnis, obwohl sie eine durchaus auffällige und stadtbekannte Person war. Jede Stadt kennt solche Menschen, die man gemeinhin als Unikum oder Stadtoriginal bezeichnet, wenngleich ihnen selbst dies gar nicht bewusst ist. Sie hatte lange, weisse Haare, trug meist einen cremefarbenen Rock, braune, an den Fersen durchlöcherte Strümpfe, ausgelatschte Schuhe und war immer mit einer Tasche unterwegs. Doch ihr auffälligstes Merkmal war ihre Freude. Sie sprach nie. Oft blieb sie auf der Strasse stehen und strahlte die Menschen an, die an ihr vorbeigingen, oder sie lachte in das Schaufenster eines Geschäfts, spähte durch die Tür einer öffentlichen Institution und schien sich zu freuen. Manche fanden dies befremdlich, andere wandten sich verständnislos ab oder erklärten sie für krank. Ich habe mir immer überlegt, wie sie uns wohl fehlen würde, wenn sie eines Tages nicht mehr hier wäre, und wie sehr wir ein solches Strahlen und Lachen doch nötig haben.

Nur wenige wissen, dass sie in der Stadt all jene Kräuter sammelte, denen viele ein «Un» beifügen würden: Löwenzahn, Ackerwinde, Giersch, Hahnenfuss, Brennnessel, Quecke, Vogelmiere, aber auch Wilde Möhre, Breit- und Spitzwegerich, unechte Kamille, Efeu und Wilde Rebe. Doch in ihrem Garten herrschte kein Chaos, ganz im Gegenteil. Sie schien äusserst besonnen und diszipliniert

vorzugehen, beinahe wissenschaftlich. Jede Gattung und Sorte hatte ihren eigenen Platz, wobei sie darauf achtete, dass sie optimale klimatische Bedingungen vorfanden und sich auch mit ihren Nachbarn vertrugen. Versuchte sich eine Pflanze auszubreiten, wie dies etwa in der Natur der Brennnessel liegt, wusste sie sie einzudämmen oder wilderte sie wiederum an Orten aus, wo sie sich frei entfalten konnten. Dabei gab es vereinzelt Ungereimtheiten, weil sich Pflanzen in dem Garten befanden, die streng geschützt sind, wie beispielsweise die Schlüsselblume oder die Weinberg- oder Wilde Tulpe. Es stellte sich aber heraus, dass sie diese Pflanzen nur dort ausgrub, wo sie in grossen Ansammlungen anzutreffen waren, sie im eigenen Garten zu vermehren suchte, um sie rechtzeitig im Spätherbst wieder an Standorten einzupflanzen, die ihnen behagen und von wo aus sie sich weiter vermehrten. Ich stelle mir vor, wie sie dann im Frühjahr die Waldränder und Rebberge besuchte, wo sich ihre Schützlinge befanden, um sich an ihrem Anblick zu erfreuen.

Der Einzelgänger

Sein Häuschen pflegte er liebevoll. Die Klappläden waren grün gestrichen, der Dachabschluss wurde durch eine hölzerne Laubsägearbeit verziert, an der einen Seite hing ein Meisen-, auf der anderen Seite ein Starenkasten, auf dem Dach richtete sich eine Wetterfahne nach dem Wind. Es blühten rote und weisse Geranien an den Fenstern. Man dachte bei diesem Anblick unwillkürlich an eine Kuckucksuhr. An den Seiten des Häuschens wuchsen Beeren, vorne lagen Blumenbeete mit vielfältigem Sommerflor: Zinnien, Mohn, Rittersporn, Fingerhut, Ringelblume und Sonnenhut, auch weisse Pfingstrosen. Ein grüner Lattenzaun umgab sein Refugium. Er achtete auf Ordnung und Sauberkeit, schiss ihm ein Star oder eine Meise en passant an eine Wand, putzte er den Kot umgehend weg. Und wenn eine Raupe ihm ein Blatt von einem Beerenstrauch wegfrass, gab er ihr auch noch ein zweites, bloss um die Symmetrie wieder herzustellen. Ein beflissener Schrebergärtner, wäre da nicht sein stürmerisch-drängerischer Charakter gewesen. Meist kam er laut singend oder pfeifend und mit beiden Händen wild in der Luft gestikulierend zu seiner Parzelle, übersah dabei Kind und Kegel und erst recht seine Nachbarn, zu tief versunken agierte er als Stardirigent in Tschaikowskys 4. Sinfonie. Passte ihm die Form einer aus der Erde gezogenen Karotte nicht, so warf er sie ungestüm in Nachbars Garten, und wenn sich eine Elster unerlaubterweise auf seine Pergola setzte, verjagte er sie mit zwei Pfannendeckeln, die er gegeneinanderschlug, egal zu welcher Tageszeit. Gab ein Nachbar eine Gartenparty, nahm er die Einladung dankend an, erschien aber erst, wenn alle anderen bereits wieder gegangen waren, und beklagte dann bitter deren Abwesenheit. Ausser Spatzen mochte er keine Vögel und von den Insekten akzeptierte er lediglich Schmetterlinge, auch mit Kindern konnte er nichts anfangen und so erstaunt es nicht, dass er sich gegen andere abschottete, sich nur noch mit sich selbst befasste und sein Umfeld zunehmend ignorierte.

    Doch in einem Frühjahr war alles anders. Statt zu dirigieren, grüsste er nach links und rechts, ignorierte wochenlang den Vogeldreck an den Wänden, baute mit den Kindern Sandburgen auf dem benachbarten Spielplatz oder las ihnen aus Erich Kästners «Konferenz der Tiere» vor. Er interpretierte den Begriff des Einzelgängers diametral zu seiner wirklichen Bedeutung und besann sich auf alles

Gesellige. Wagte es eine Elster, sich auf seiner Pergola niederzulassen, holte er statt der beiden Pfannendeckel ein Blatt Papier aus seiner Küche und las ihr Christian Morgensterns Gedicht «Die Elster» vor: Ein Bach, mit Namen Elster, / rinnt durch Nacht und Nebel und besinnt / inmitten dieser stillen Handlung / sich seiner einstigen Verwandlung, / die ihm vor mehr als tausend Jahren / von einem Magier widerfahren. / Und wie so Nacht und Nebel weben, / erwacht in ihm das alte Leben. / Er fährt in eine in der Nähe / zufällig eingeschlafne Krähe / und fliegt, dieweil sein Bett verdorrt, / wie dermaleinst als Vogel fort.» Oder aber er versuchte sie mit was Essbarem anzulocken. Es war indessen nicht dieses Gedicht, das ihn an seine Kindheit erinnert und damit einen Sinneswandel bewirkt hatte. Es war eine Häsin, die ihren Wurf in seinem Gemüsegarten zur Welt gebracht und seinem Portulak, den er besonders mochte, eine Tabula rasa bereitet hatte. Dies hätte ihn gewöhnlich gleichermassen geschmerzt und erzürnt. Konnte er doch bei Portulak besonders gut nachvollziehen, wie sich eine Kuh, sein Lieblingstier, fühlen musste, wenn sie Klee frisst. Da er aber in seiner kindlich gebliebenen Fantasie sowohl den Sankt Nikolaus als auch den Schneemann, die Gartenzwerge und auch den Osterhasen für real existierende Lebewesen hielt und von diesem Glauben nicht abzubringen war, liess er die Häsin und ihre Jungen gewähren, ja, er verzichtete gar auf die Anpflanzung von Sommerflor, um die Beete mit Blattsalat und Karotten zu bepflanzen, in der stillen Hoffnung, seine neuen Untermieter würden sich dazu bewegen lassen, dauerhaft bei ihm einzuziehen.

Die Stimmenfängerin

Sie stand regungslos vor einem verschneiten Holunderbusch, der sein Laub noch nicht abgeworfen hatte und daher stark körperlich wirkte. Mit der einen Hand hielt sie ein Mikrofon in die Höhe, in der anderen trug sie eine Art Kästchen, vermutlich ein Aufnahmegerät. Sie war eine Vogelfreundin und seit dem frühen Morgen unterwegs, um Singvögel zu beobachten, zu fotografieren und ihre Gesänge und Warnrufe aufzuzeichnen. Es war nicht der erste Busch, vor dem sie heute stand, obwohl sie die Kälte und den Schnee nicht sonderlich mochte. Die meisten Singvögel hassten ihn, sassen aufgeplustert in ihren Verstecken, um Kräfte zu sparen, wo doch auch die Nahrung für sie unerreichbar unter einer weissen Decke verborgen lag. Ein Amselmännchen, eine Wacholderdrossel und ein Seidenschwanz, das war an diesem Morgen alles gewesen. In Bayern aufgewachsen, hatte sie zunächst in München studiert, bevor sie, von dem bekannten deutschen Ornithologen Erwin Stresemann gefördert, 1928 als Assistentin den Biologen Ernst Mayr auf eine Expedition nach Neuguinea und zu den Salomonen begleitete, wo dieser für Walter Rothschild Vögel sammelte. Die dabei gewonnenen Erkenntnisse dienten Ernst Mayr bei seinen evolutionstheoretischen Überlegungen. Nach dieser

Expedition betreute sie ihre kranke Grossmutter in Nordfriesland und arbeitete nebenher für die Vogelwarte Helgoland, wobei ihr Aufgabenschwerpunkt die Erforschung des Vogelzugs auf der Insel war. Am Basler Institut für Zoologie setzte sie ihre Forschungen fort und spezialisierte sich auf das veränderliche Stimmverhalten von Zugvögeln. Dank ihren Forschungen erhielt sie auch die Erlaubnis der zuständigen Behörde, sämtliche Schrebergartenareale zu besuchen, um dort entsprechende Feldstudien durchzuführen. Mit Genugtuung stellte sie fest, dass Amsel, Wacholderdrossel und Seidenschwanz im Mittelmeerraum, wo sie sie auf ihren Wanderungen ebenfalls beobachtet hatte, anders singen als in hiesigen Breitengraden. In der Folge versuchte sie den Einfluss des Klimas auf den Gesang zu erforschen.

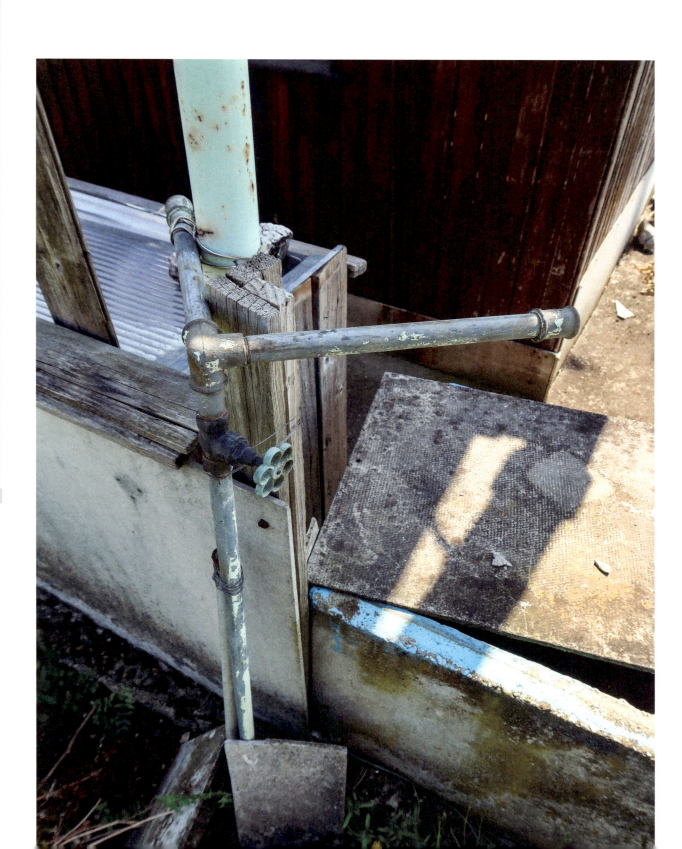

Die Unentschiedene

Ihre Parzelle kann man zusammenfassend so beschreiben: Sie war weder noch. Das Gartenhäuschen war nicht sehr hoch, aber lang gestreckt, stand auf Pfeilern, besass ein Flachdach und eine grosse Fensterfront. Im Gartenbereich klaffte ein riesiges Loch im Erdreich, daneben ein paar Becken, in denen Seerosen zu blühen begannen. Hinter dem Häuschen befand sich in der einen Ecke eine kleine hölzerne Bogenbrücke, in der anderen ein paar Steinblöcke und ein Haufen Kies. Und auf der Stirnseite konnte man eine Ansammlung von Rhododendren finden. Jeden, der bei ihr vorbeikam und sie fragte, was sie denn vorhabe, verwickelte sie in ein Gespräch. Fragte ihn über dieses und jenes aus, erkundigte sich nach Claude Monets Garten in Giverny genauso wie nach dem Ryoanji-Tempel.

Hörte sich alles aufmerksam und wissbegierig an, führte Gegenargumente ins Feld, schlug Alternativen vor, versprach über die eingebrachten Vorschläge nachzudenken, es sich zu überlegen. Doch bereits nach zwei Tagen stellte sie einer weiteren Person die exakt gleichen Fragen, auf die sie – wen erstaunt es – völlig andere Antworten erhielt. Sollte es das «Farnsworth House» sein, mit dem ihr Gartenhäuschen Ähnlichkeiten aufwies? Wie wäre es mit einem Rhododendrenpark en miniature, der dem Botanischen Garten von Marburg nachempfunden war? Oder doch lieber einen japanischen Garten mit Gelehrtensteinen? Ihr «Paradies» glich seit Jahren einer seltsamen Baustelle.

Sie hatte auch schon Anmahnungen vom örtlichen Schrebergartenverein erhalten, man werde ihr die Parzelle entziehen und sie anderweitig vermieten, wenn sie nicht bald einen Entscheid treffen würde. Doch sie konnte sich einfach nicht festlegen, und als schliesslich alles mit Hopfen überwuchert war, schien sich das Problem wie von allein gelöst zu haben. Da kam plötzlich einer, der zeigte Interesse an ihrem Hopfen und nebenbei auch an ihren Entscheidungsschwierigkeiten. Der hatte in seinem Häuschen einen kleinen Braukessel installiert und träumte von dunklen Bieren. Und sie träumte weiterhin von ihren möglichen Gärten.

Der Modellbauer

Jeweils am Montagmorgen nahm er Mass. Mit Meterstab, Skizzenblock und Schreibwaren ausgerüstet, skizzierte er eines der Gartenhäuschen auf seinem Block, mass die Aussenkanten, die Türen und Fenster aus, übertrug schliesslich die Struktur der Aussenoberfläche sowie des Daches und notierte zuletzt die Beschaffenheit einiger Einzelheiten wie Gardinen, Obstspaliere, dominante Büsche, Nistkästen, Wetterfahnen oder Fahnenmasten. Am Dienstag sah man ihn mit allerlei Kartonbögen und Papierbahnen vor seinem Häuschen hantieren. Er mass, schnitt, schnipselte, faltete und fügte zusammen. Am Mittwoch erschien er, sofern es das Wetter zuliess, mit dem zusammengefügten Kartonmodell des Häuschens, um es draussen anzumalen und zu lackieren. Noch am gleichen Abend nahm er sein Kartonmodell wieder auseinander, versah es mit abgekanteten Laschen, die er an die einzelnen Teile klebte und mit Ziffern und Kleinbuchstaben versah, daraus fertigte er alsdann einen Bastelbogen, den man ausschneiden und zusammenkleben konnte. (Ältere

Generationen werden diese Art Vorlagen noch aus dem Schulunterricht kennen, man konnte daraus Kartonmodelle einer Burg, einer bekannten Kirche oder eines Raddampfers basteln.) Am Donnerstag machte er sich frühmorgens, bepackt mit einer grossen Mappe, einem ähnlich grossen Sonnen- oder Regenschirm und einer Tasche, auf den Weg, um erst gegen Freitagnachmittag erschöpft zurückzukehren. Auf Anfrage erklärte er, er habe sein in Einzelteile zerlegtes Modell in eine Werkstatt für Lithografie gebracht, wo er die einzelnen Elemente auf grosse Solnhofener Steinplatten übertrug. Am Samstagnachmittag lud er alle Kinder des Areals zu einem Bastelnachmittag ein. Er händigte ihnen die ersten Druckbogen seines neuen Häuschens aus und bat sie, es zusammenzubauen. So konnte er im Stillen kontrollieren, ob sein Werk auch wirklich funktionierte und bei Kindern und Jugendlichen ankam. Diese verlangten denn auch, dass er sich weniger an das Original hielt und von den einzelnen Häuschen einfallsreichere Kreationen schuf. So entstanden Erich Mendelsohns Potsdamer Einsteinturm, an dessen weissen Mauern sich Nistkästen an Nistkästen reihten, der Eiffelturm, auf dessen Spitze eine venezianische Gondel die Windrichtung anzeigte, und das Brandenburger Tor, wobei eine elegante Quellnymphe und vier impulsive Seepferdchen die Quadriga bildeten. Im Innern seines Häuschens schliesslich – er hatte das Glück, dass er das Domizil seines Nachbarn erwerben konnte, was ihm zusätzlichen Platz verschaffte – konstruierte er eine Gartenkolonie, vergleichbar mit «Swiss Miniature» im südschweizerischen Melide. Allerdings kombinierte er sein Modell mit einigen merkwürdigen Abwandlungen, die er nur den Kindern zuliebe herstellte, was ihm aber den Ruf einbrachte, einen ausgesprochen originellen Charakter zu haben.

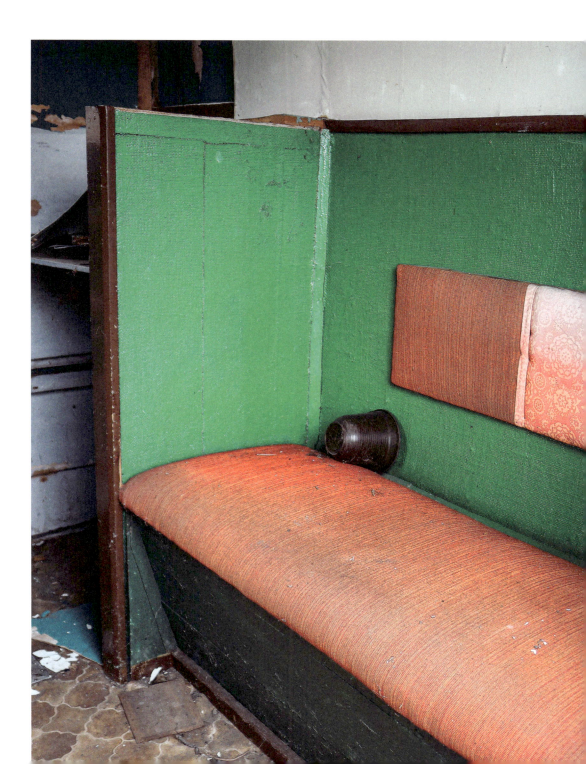

Der Naturmaler

Der Schuppen am Waldrand lag mit seiner Rückseite im Schatten alter Bäume, die Stirnseite wies in südliche Richtung und wurde von der Sonne verwöhnt. Die Holzwände waren von der Witterung ausgebleicht, die dunklen Bretter wurden mittels Holzlatten an der Aussenseite befestigt, die ehemals rot angestrichen waren, von der Farbe waren aber nur noch schwache Spuren erkennbar.

Auf dem Schindeldach sammelte sich das herbstliche Laub, dazwischen sah man dunkelgrüne Moosflecken. Ein aufgehängter Nistkasten wurde von Blaumeisen inspiziert. Im Schuppen fanden wir ein Bildchen mit dem Titel «Frühlingsblumen», darauf Schneeglöckchen, Winterlinge und Herbstlaub. Auf der Rückseite stehen die Adresse des Künstlers, der Preis und der Hinweis «XX. Ausstellung der G.S.M.B. und A. im Berner Kunstmuseum», die im Mai/Juni 1945 stattfand. Zweifellos wurde das Bildchen dort gezeigt, was bedeutet, dass es 1945 oder früher entstanden sein muss. Über dieses Bildchen liess sich der einstige Mieter des Schuppens, ein regional bekannter Maler, eruieren, der sein Motiv

bestimmt vor der eigenen Türe
gefunden hatte.
 Hinten auf dem Bild klebte
eine Besprechung vom 20. November
1946, die mit «nt» gezeichnet

ist und eine Ausstellung aus dem Jahr 1946 rezensiert. Darin lesen wir unter dem Titel «Bauernklee, gelber Frauenschuh und kleine Plastiken» folgenden Passus: «Als Gärtner und Maler steht er der bunten Welt der Blumen besonders nahe. Aber im vergangenen Jahr hat er sich doch noch um ein gutes Stück weiter in ihren ‹Lebensraum› vorgewagt. Sind die Blumen und Gräser in den kleinen Blumenstücken – dem ‹Bauernklee› oder der ‹Roten Taglilie› – noch ganz zaghaft in der Fläche ausgebreitet und in den Einzelformen wenig detailliert – so bewegen sich die Blätter des ‹gelben Frauenschuh›, der ‹kleinen Anemonen›, der feuerroten und weissen Lilien oder des ‹Blauen Rittersporn› – zusammen mit den verschiedensten grünen Blattformen, Gräsern und Stengeln nun in schmalen Bildräumen, die meist von den grossen Flächen grauer Felsstücke nach hinten abgeschlossen werden. Der Maler ist immer mehr erkennend in das Wesen der Pflanzen eingedrungen und zugleich hat er das reiche Spiel ihrer Bewegungen und Formen immer intensiver erfasst. Zu den Pflanzen haben sich nun auch einige Schmetterlinge, Käfer, Schnecken und bunt schillernde Raupen gesellt (…).»

Sein Bildmotiv scheint er ganz in der Nähe gefunden zu haben, wo auch Hirschzunge und Wald-Geissbart wuchsen. Im vorderen Teil des Gartens kultivierte er Gladiolen, Rittersporn, Rosen, Zinnien, Fingerhut und weiteren Sommerflor, den er dann auch malte. Seine Empfänglichkeit für die stillen, zarten Frühblüher des Waldes zeigt eine besondere Seite seiner Malerei. Seine Bilder sind selten zu finden, wer eines besitzt, trennt sich davon nur ungern.

Die Apfelarchivarin

Es hatte die ganze Nacht geschneit, am Morgen
jedoch war der Himmel klar und die Kälte wirkte hart.
Man konnte nur eine Spur erkennen. Am Ende der
lang gestreckten Parzelle lag ein schmales Haus
eingeklemmt zwischen der Friedhofsmauer und einer
Treppe, die den Höhenunterschied zu den übrigen
Parzellen überwand. Türen und Fenster standen offen,
unverkennbar war der einstige Mieter ausgezogen.
Die äussere Holzverkleidung war schokoladenbraun
bemalt, die Fensterrahmen strahlend weiss und
das Innere sonnenblumengelb. An den Wänden standen
überall Kisten, die uns bisher nicht aufgefallen

waren. In einer lagen zahlreiche Äpfel, jeder von einer anderen Sorte, die jeweils sorgfältig vermerkt auf einem darunter liegenden Zettelchen stand. Wessen Werk dies war, konnten wir nicht eruieren. Wir stöberten in den übrigen Kisten, in der Hoffnung, dass ihr Inhalt uns Aufschluss über diese merkwürdige Ansammlung geben könnte. Doch stiessen wir lediglich auf H. Kesslers «Apfelsorten der Schweiz» und Otto Nebelthaus «Mein Obstgarten». Beide Bücher gehörten derselben Person, was durch ein Exlibris angezeigt wurde. Zu unserem Erstaunen handelte es sich um eine bekannte Architektin, der wir eine solche Freizeitbeschäftigung niemals zugetraut hätten.

War sie tatsächlich die Mieterin dieser Parzelle? Wir befragten benachbarte Parzellenbesitzer und man beschied uns, ihr Vater habe ihr diese vererbt. Sie habe den vom Vater angelegten Apfelhain weiterentwickelt. Einzelne der alten Bäume – teils waren sie abgestorben – habe sie stehen lassen, weil Spechte in ihnen ihre Höhlen bauten. Von ihren Reisen habe sie verschiedenste Apfelsorten mitgebracht, die sie auf ihrer Parzelle pflanzte. Man habe sie verschiedentlich auf ihr Tun angesprochen und sie habe jeweils dieselbe Antwort gegeben, die ihr aber keiner richtig glauben mochte: Eine entfernte Verwandte hätte einst eine Landstreicherin beim Obstdiebstahl erwischt und diese für zwei Tage eingesperrt. Wegen Freiheitsberaubung angeklagt, hätte sie vor Gericht eine mittelalterliche Bescheinigung der niederen Gerichtsbarkeit für ihren Schlossbesitz vorgezeigt, die sie aber nicht vor einer geringen Geldstrafe bewahren konnte. Wollte sie mit dem Apfelhain ihrer Vorfahrin ein Denkmal errichten?

Elstar, Berner Rosenapfel, Gravensteiner, Roter Boskoop, Goldparmäne, Topaz, Gala, Sauergrauech, Mairac, Gewürzluike, Freiherr von

Hallberg, Gloster, Rubinette, aber auch Speierling und Mispel waren darunter. Offensichtlich mochte sie seltene Sorten. Um was ging es ihr? Um die Früchte, ihre Konsistenz, ihren Geschmack oder um die Blüten, den Wuchs der Bäume, um zusätzliche Holzsorten für die Architektur nutzbar zu machen? Oder hatte sie doch etwas ganz anderes im Sinn? Ging es ihr um ein Baum- oder Holzarchiv, um ein pomologisches Kabinett, wie es Johann Volkmar Sickler (1741–1820) anfertigen liess und wovon sich ein Exemplar im Naturmuseum Thurgau in Frauenfeld befindet? Wiederholt wurde uns versichert, dass sie ihre Äpfel sehr geliebt habe. Sie soll sie auf jeden Fall nicht ausschliesslich für Kompott, Dörrobst, Clafoutis, Essig, Saft, Auflauf und Bratäpfel verwendet haben. Auch legte sie keine faulen Exemplare in eine Schublade, wie man sich dies von Friedrich Schiller erzählt. Sie erkannte in ihren unterschiedlichen Formen und der sich verändernden Aussenhaut und Konsistenz Inspirationsmodelle für die Behandlung von Oberflächen und Räumen ihrer Architekturprojekte. Daher liess sie sie auch meist von den Bäumen fallen. Um es mit ihren Lieblingsarchitekten, zwei Apfelkennern, zu sagen: «Alles nur lebloser Abfall – wäre da nicht unser spezieller Blick darauf: der kreative, aufmerksame, manchmal gar liebevolle Blick des interessierten Beobachters, der die Verformungen, Rillen, Einbuchtungen und Verfärbungen zu deuten und in einen Zusammenhang zu bringen vermag.»

Der Datensammler

Sein Gartenhäuschen war klein, verfügte aber über sämtliche Bequemlichkeiten des Lebens. Zumindest diejenigen, die ein Historiker oder Autor gewöhnlich für sich beansprucht. Am Fenster stand ein Schreibtisch, von dem aus er zahlreiche Parzellen überblicken konnte. Auf dem Tisch lagen ein Stapel Papier, Schreibhefte, diverse Zettelkästen, eine Menge Bleistifte der Marke Derwent, die zu seinen Favoriten gehörten, ein Spitzer, ein Radiergummi, eine Flasche Wasser, die morgens durch einen Milchkaffee, abends durch viel Tee ergänzt wurde, sowie eine Lesebrille, eine Büchse mit Hustenbonbons und ein Fernglas. Er arbeitete gerne bis spät nachts, genoss aber auch die frühen Morgenstunden, was dazu führte, dass er oftmals tagsüber vom Schlaf übermannt wurde und sich – sofern noch möglich – zum Sofa schleppte, um dort ein Nickerchen zu machen. Hatte er seinen Zettelkasten mit neuen Materialien gefüttert,

die neusten Erkenntnisse in ein schwarzes Heft eingetragen sowie einen Teil einer Tageszeitung gelesen, machte er sich zu einem Spaziergang auf, der ihn gewöhnlich bis an die Grenzen des Schrebergartenareals führte. Stets hatte er eine Umhängetasche dabei, in der sich eine Blechbüchse, eine Wasserflasche, ein Apfel, Schreibmaterial und an heissen Tagen eine Kopfbedeckung befanden. Sodann begann er mit seiner Arbeit, indem er kleinste Veränderungen an den Häuschen notierte: neue Anstriche, Veränderungen der Gardinen, ob ein Mieter seine Dachrinne saniert oder ausgetauscht oder einen neuen Nistkasten montiert hatte. War dies der Fall, so versuchte er herauszufinden, für welchen Vogel sich dieser Kasten eignete. Ferner beobachtete er Veränderungen bei den Beeren, den Blumen und in den Gemüsebeeten. Er inspizierte die Grillstellen, die Komposthaufen, die Regentonnen, die Fahnenstangen und die Wetterfahnen, die Lebensweise der Hühner, Enten und Kaninchen, die Eidechsen, Blindschleichen, Ringelnattern und Kröten in den Teichen und Steinmauern, die Platten und den Kies der Gehwege. Dies alles notierte er in ein kleines rotes Büchlein, das er aus seiner Tasche holte. Längst war sein Verhalten aufgefallen. Und auch wenn man nicht genau wusste, was er mit dieser Datensammlung vorhatte, so liess man ihn doch gewähren, denn seine Neugierde war eine friedliche und sie hatte einen durchaus positiven Nebeneffekt. Er wusste so gut über alle Einzelheiten Bescheid, dass auf seinen Rat Verlass war. Durch seine täglichen Spaziergänge wusste er, ob eine Regentonne bald voll war oder leckte, ob ein Nistkasten besetzt war oder von einem Wespenschwarm bewohnt wurde, ob sich Raupen am Gemüse erfreuten, kannte den Zustand der Komposthaufen und konnte vorhersagen, mit welcher Beerenmenge zu rechnen sei. Zu den Jubiläen des Schreber-

gartenvereins publizierte er eine kleine Festschrift mit zahlreichen Statistiken, die die Vielfalt der Vögel, Amphibien und Insekten genauso aufführte wie die erzielten Erträge an Gemüse, Obst und Beeren. Selbst die Analyse, welche Windrichtung die Wetterfahnen üblicherweise anzeigen, fehlte nicht.

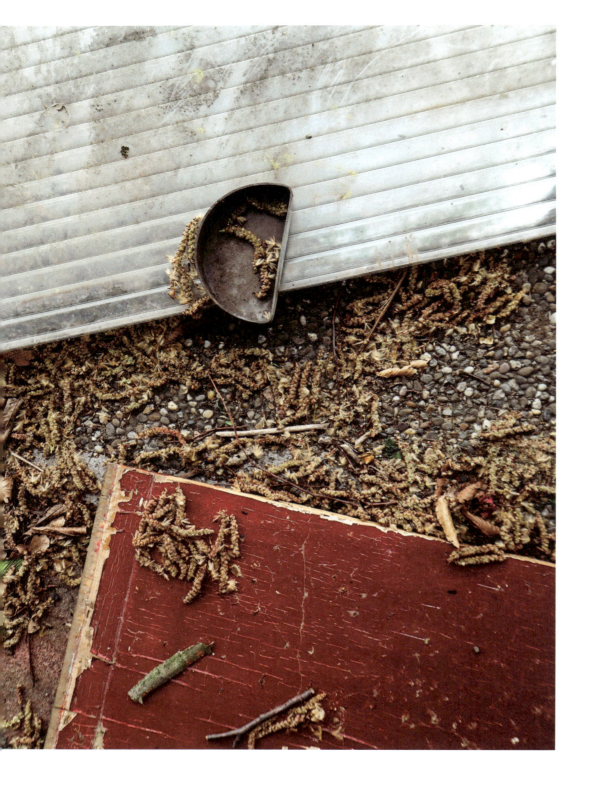

Der Zugflüsterer

Er ist zeit seines Lebens viel herumgekommen und hat als Handlungsreisender Kunden in aller Welt besucht. Da er Flugangst hatte, reiste er mit dem Zug. Und so kannte er praktisch jede Strecke, jeden Bahnhof und jeden Fahrplan aus eigener Erfahrung. Und natürlich auch die ganze Welt, zumindest die Teile, die unmittelbar und etwas weiter entfernt hinter den Zugfenstern liegen. Er musste sich auf seinen Reisen nicht speziell vorbereiten, so konnte er unterwegs nach Herzenslust aus dem Fenster schauen. Was er, wie eben angedeutet, auch mit sichtlichem Genuss tat. Und stand ein Zug mal auf einer Strecke still, so zückte er gar den Fotoapparat und schoss einige Bilder, die er zu Hause entwickeln liess und fein säuberlich in ein Fotoalbum klebte. Zudem nuschelte er fast flüsternd unverständliche Sätze vor sich hin, weil er irgendwo gehört hatte, dass dies den Zug wieder in Bewegung setzen könnte. Mit den Jahren erlangte er, vor allem in Deutschland, wo das Phänomen verspäteter

Züge seit Jahrzehnten häufig vorzukommen scheint, wie ein gewisser Herr Zimmer in der Neuen Zürcher Zeitung vom 24. Februar 2024 nachweisen konnte, den Ruf eines Zugflüsterers. Die Passagiere, die im selben Abteil oder Waggon sassen, warteten, sofern sie ihn erkannten, erwartungsvoll auf seinen Flüstereinsatz, in der Hoffnung, der Zug möge sich baldmöglichst wieder in Bewegung setzen.

Als er ins Rentenalter kam, erfüllte er sich einen Bubentraum, der ihn sein Leben lang nicht losgelassen hatte. Wenn er sich auf seinen Reisen in einem Wartesaal aufhalten musste, was durch Verspätungen und wegen der eingeschränkten Wirkung seiner Flüsterkünste

immer häufiger vorkam, hatte er mit Vorliebe pädagogische Literatur gelesen. Dazu gehörte selbstverständlich auch Erich Kästners Roman «Das fliegende Klassenzimmer». Das zweite Kapitel «enthält Näheres über den Nichtraucher». Die Stelle ist hinreichend bekannt, dennoch soll hier zum besseren Verständnis des schon erwähnten Bubentraums aus der 162. Auflage des Romans, erschienen 2006, ein Passus der Seite 37 zitiert werden: «Und sie nannten ihn den Nichtraucher, weil in seinem Schrebergarten ein ausrangierter Eisenbahnwaggon stand, in dem er Sommer und Winter wohnte; und dieser Waggon enthielt lauter Nichtraucherabteile zweiter Klasse. Er hatte ihn, als er vor einem Jahr in die Gartenkolonie zog, für hundertachtzig Mark von der Deutschen Reichsbahn gekauft, ein bisschen umgebaut und lebte nun drin. Die kleinen weißen Schilder, auf denen ‹Nichtraucher› stand, hatte er am Wagen stecken lassen. Im Sommer und im Herbst blühten in seinem kleinen Garten wunderbare Blumen. Wenn er mit dem Umpflanzen, Gießen und Jäten fertig war, legte er sich ins grüne Gras und las in einem der vielen Bücher, die er besaß. Im Winter lebte er natürlich meist im Wagen. Mit einem kleinen Kanonenofen, dessen blauschwarzes Rohr zum Dach herausschaute und manchmal schrecklich qualmte, hielt er sein komisches Haus warm.» Exakt diesen Traum erfüllte er sich. Die neue Sesshaftigkeit störte ihn keineswegs – die Welt kannte er zur Genüge. Nun brauchte er nicht mehr notgedrungen zu warten, sondern durfte sich dem Müßiggang widmen, wann er wollte, und dies erfüllte ihn mit einiger Zufriedenheit.

Der Nebelinterpret

Sein Labor liegt auf freiem Feld. Ein Gartenhaus ist es nicht und doch würde man es eher als solches denn als Wohnhaus bezeichnen. Ursprünglich war es ein Wasserturm, der aber bereits seit Jahren verwaist war. Seine rostroten Wände wurden mit Plakaten beklebt, der steinerne Sockel hier und da mit Graffitis verziert, doch mit den Jahren wurden diese von Wildem Wein überwuchert und weitere derartige Initiativen als sinnlos erkannt. Auffällig waren das kugelförmige Dach und ein ebenso runder Globus, auf dem ein Seeadler thronte, vermutlich eine Werbung für den Spirituosenanbieter Fernet-Branca.

Diesen speicherartigen Turm hat inzwischen
ein pensionierter Fotograf erworben,
der hier seine Studien betreibt. Zu sehen
bekommen ihn nur wenige und das auch nur
nach Mitternacht, wenn er die Kalotte
des Faltdachs seines Reservoirs aufklappt
und die beiden Dachhälften durch eine
eingebaute Hydraulik in eine kelchförmige
Position bringt. Durch die so erreichte
Öffnung fährt er nachts ein grosses Fernrohr aus, das er durch eine drehbare
Plattform und eine komplexe Mechanik
in die richtige Position bringt. Anfänglich
hatte er diese von Hand betrieben,
die Spende eines Mäzens erlaubte es ihm,
sie zu elektrifizieren, sodass es heute
per Knopfdruck funktioniert. Ziel seiner
Beobachtungen sind Spiralgalaxien und
Nebel. Von diesen hat er zahlreiche Fotografien gemacht, die er fein säuberlich
in Alben klebt, da er noch einer von
der alten Sorte ist, der analoge Fotografie
der digitalen vorzieht. Zudem, und das
macht sein Vorhaben speziell, kombiniert
er diese Fotos mit Aufnahmen von Flechten,
die er in der Umgebung seines Labors
fand. So versucht er forschend Mikro-
und Makrokosmos miteinander zu verbinden.
An seinem Turm befindet sich über dem
Steinsockel statt eines Fensters ein Lochblech, das an die Unterseite eines
Löchersiebs oder an die Struktur eines
Nebels erinnert. Welche Experimente
er damit vorhat, will er noch nicht verraten.

Die Frühschwimmerin

Es waren monoton anmutende Reihenhäuschen entlang der Friedhofsmauer. Sie sahen alle aus wie die Talstation einer Seilbahn. Die Wände waren mit Tannenholz verkleidet, das witterungsbedingt schwarz geworden war. Auf der Frontseite befand sich ein lang gestrecktes Fensterband und obendrauf jeweils ein Pultdach. An den Rückwänden wurden auf verschiedenen Tablaren und an Haken Holzstangen, Bretter und Leitern gelagert, der Ein- und Ausgang dieses langen Ganges an der Friedhofsmauer und der Reihe der Häuschen entlang war durch alte, verstaubte Kohlensäcke, eine Art Sichtschutz, verdeckt. Die Reihenhäuschen gehörten vorwiegend Kaninchen- und Geflügelzüchtern. Der schmale Gang zwischen der Häuserzeile und der Friedhofsmauer weckte unser Interesse und wir wagten die ungeahnt gefährliche Erkundung: Der Boden drohte nämlich einzubrechen, als wir ihn betraten. So zogen wir uns zurück, sahen nun eine am Boden liegende Abdeckung, hoben sie an und entdeckten ein betoniertes Becken, das etwa zwei Meter breit, ebenso tief und sehr lang war. Auf den Boden hatte jemand in Gross-

buchstaben das Wort «Molitor» geschrieben, vermutlich eine Anspielung auf die Piscine Molitor, die in Yann Martels «Schiffbruch mit Tiger» ausführlich beschrieben wird. Es musste sich also um ein Schwimmbecken handeln.

Es stellte sich heraus, dass einzig ein Geflügelzüchter über das längliche Becken

Bescheid wusste, da seine Enten einige Male dort ein unbewilligtes Bad genommen hatten. Er vermutete, dass es sich um ein Wasserbecken für die Forellen- oder Karpfenzucht handelte, und verwies auf einen grossen Wasserhahn, ein Abflussrohr und einen Überlauf. Dieses Becken lag hinter einer Reihe von Gartenhäuschen, sozusagen unsichtbar. Beim Erkunden der einzelnen Häuschen stiessen wir in einem Werkzeugschuppen, der an das letzte Häuschen angebaut war, auf zahlreiche Utensilien, die auf ein Schwimmbecken hinwiesen: ein Fangnetz für Blätter, einen Wassermesser, eine Einstiegsleiter, eine Plastikbüchse mit vergilbten Chlortabletten, eine Putzbürste, Putzmittel und Salzsäure. Das Geheimnis schien gelüftet, es musste sich um ein stillgelegtes Schwimmbecken handeln. Doch wer hatte es errichtet und wer benutzt?

Kürzlich war ich wieder mal auf dem benachbarten Friedhof und begab mich zur Trennmauer, da ich wissen wollte, ob es vielleicht von dieser Seite einen Zugang zu den verschiedenen Parzellen gab. Einer der Friedhofsgärtner schien mich zu beobachten und fragte nach meinem Tun. Ich erzählte ihm von meiner Entdeckung auf der anderen Seite der Mauer. Er sagte

mir, er arbeite seit 1995 auf diesem Friedhof. Nach etlichen Jahren habe er in einem Sommer öfters auf dieser Seite des Friedhofs zu tun gehabt. Um der Hitze zu entgehen, habe er möglichst früh mit der Arbeit begonnen. Dabei habe er regelmässig ein leises Plätschern vernommen und einen Wasserschaden vermutet. Um der Sache auf den Grund zu gehen, sei er mit einer Leiter auf die Mauer gestiegen und habe zu seinem Erstaunen eine Schwimmerin

erblickt, die in dem Becken ihre Längen kraulte, und erfuhr von ihr das Folgende: Während ihres Studiums in Bristol habe sie das Kaltwasserschwimmen entdeckt, das sie jeweils frühmorgens absolvierte. Da die öffentlichen Bäder hier um diese Zeit noch geschlossen seien, habe sie sich im Bekanntenkreis umgehört und so von diesem Wasserbecken erfahren. Der Eigentümer eines der Häuschen habe ihr einen Schlüssel geliehen, damit sie sich dort umziehen konnte. So sei sie jeweils in den warmen Monaten vor der Arbeit in einem Institut für chemische Forschung frühmorgens zum Schwimmen gekommen und habe ihre Längen absolviert.

Zudem könne sie im Dunkeln am klarsten denken. Und da sei dieser Ort ideal. Dies sei, so sagte sie in Anlehnung an Ludwig Wittgenstein, «the last pool of darkness in Europe».

Die Eisblumenzüchterin

Ihr Gartenhäuschen war in verschiedenen Weisstönen angestrichen, sodass der Eindruck entstand, es sei permanent in Schnee gehüllt. Die meiste Zeit des Jahres waren ihr Garten und ihr Haus mittels zusammengenähter Leintuchplanen vor neugierigen Blicken abgeschirmt. Wobei einzelne dieser Planen im Lauf des Jahres ergrauten oder durch Wind und Wetter zerrissen wurden. Man glaubte erst an eine Inszenierung, doch deckte sie mit diesen Planen und Tüchern in der frostfreien Zeit die zahlreichen Gewächshäuser ab, die auf ihrer Parzelle standen, um zu verhindern, dass Vögel in die Scheiben flogen und sich lebensbedrohliche Verletzungen zuzogen. Diese Gewächshäuser in unterschiedlichen Formaten baute sie aus alten Fenstern zusammen, die sie in Containern vor Alt- oder Abbruchbauten fand. Daraus fertigte sie spezielle Architekturen, die sie in den kalten Wintern mittels kleiner Öfen beheizte, wie man sie auch im Landbau benutzt, um Obstbäume oder Reben vor Frostschäden zu bewahren. Sie wollte jedoch nichts schützen, sondern ihr ging es um das Erreichen von Temperaturunterschieden zwischen innen und aussen, denn sie erforschte die Entstehung, das Wachstum und das Verschwinden von Eisblumen.

Eisblumen entstehen an dünnen Fensterscheiben, wenn die Aussentemperatur unter 0 Grad Celsius sinkt, die Luftfeuchtigkeit im Raum hoch, die wärmedämmende Wirkung der Fenster gering ist und sogenannte Kristallisationskeime oder -kerne wie beispielsweise Staubteilchen oder Kratzer auf dem Glas vorhanden sind, an denen die Eisgebilde kristallisieren können. Die wärmere Raumluft, die zur Scheibe strömt, kühlt sich ab und mit der Temperatur sinkt auch die Fähigkeit der Luft, Feuchtigkeit aufzunehmen. Der Wasserdampf, den die Luft nicht mehr aufnehmen kann, gefriert an der Scheibe und bildet Eiskristalle. Je nach Feuchtigkeitsmenge wachsen die Eisblumen und können die gesamte Scheibe überziehen. Die genauen Prozesse des Wachstums sind bis heute nicht konkret verstanden.

    An kalten Januar- und Februartagen war sie bereits vor Tagesanbruch auf den Beinen, um die unterschiedlichen Strukturen fotografisch und durch wissenschaftliche Zeichnungen festzuhalten. Das Zeitfenster dafür war kurz und sie musste sich beeilen, bevor die ersten Sonnenstrahlen ihre Forschungsobjekte wieder zerstörten. So entstand im Laufe der Jahre eine Art Eisblumen-Herbarium, das sie nächstens publizieren will.

Der Pfingstrosenfreund

Einst war er vielfältig aufgestellt, standen ihm doch riesige Landflächen zur Verfügung. Er betrieb Milchwirtschaft, baute Raps und Zuckerrüben an und übernahm die Pferdezucht, die seine hugenottischen Vorfahren seit der Zeit betrieben, als sie sich im ostpreussischen Gumbinnen, in der Nähe des Königlichen Stutamts Trakehnen, angesiedelt hatten. Seine Ferkel waren ihres Fleisches wegen so beliebt, dass ein Metzger jede Woche zehn Stück abholen kam. Sehr zum Leidwesen seiner Tochter, die sie alle ins Herz geschlossen hatte. Seit seine Frau einige Jahre zuvor gestorben war und eine bestimmte Art von Trauer seinem Leben eine andere als die ursprünglich gedachte Richtung gab,

reduzierte er seine Tätigkeit nach und nach, wobei seine Kinder ihn nach ihren Möglichkeiten unterstützten. Nun, da er bereits das 90. Lebensjahr überschritten hatte, besass er noch fünf Hühner, die ihm täglich ein Ei auf den Frühstücksteller zauberten, seinen treuen Hund Leo, einen Garten voller Obstbäume unmittelbar neben dem Friedhof und einen Blumengarten.

Um einen Rückzugsort zu haben, liess er sich an die Rückseite des Bienenhauses nach eigenen Plänen ein Gartenhäuschen bauen. Das Besondere an seinen Gartenhausplänen war, dass er auf eine Rückwand verzichtete und stattdessen die des Bienenhauses verwendete. So konnte er sich abends, wenn die Arbeitsbienen in ihre Stöcke zurückkehrten, Erholung suchend an die Wand lehnen und ihrem Summen lauschen. Ein ähnliches Gebäude sah er auf dem Wissenschafts-Campus, wo seine Tochter arbeitete. Dort gab es vom Schweizer Künstler Peter Regli die sogenannte «Bee Opera», ein Bienenhaus, das wie ein Opernhaus konstruiert war. In der Nähe seines Gartenhauses gab es eine Hecke aus Pfingstrosen (seinen Lieblingsblumen) und Hyazinthen. Seine Tochter erklärte, die Hyazinthe komme gleich nach den alten Pfingstrosen, die einen Duft mit Suchtpotenzial verströmten, und fügte ergänzend hinzu, dass ihre Mutter diese uralte Hecke mit besonderer Hingabe gepflegt habe. Sie selbst und ihr Vater hätten immer davor gekniet und sich süchtig gerochen und natürlich im Juni immer riesige Strüsse im Haus aufgestellt. Auch gab es Himbeersträucher, von denen seine Enkel im Sommer die süssen Früchte naschen durften. Aus dem, was sie übrig liessen, wie auch aus den Kirschen kochte er Marmelade – und auf den Etiketten der Einmachgläser standen so fantasievolle Namen wie «Kasseler Kirsch» oder «Heitere Himbeere». Die Bestände sind noch nicht aufgebraucht und sorgen auch in anderen Teilen Europas bis heute für gute Laune.

Mit zunehmendem Alter veränderte sich sein Alltag. Er ging oft mit Leo spazieren, unternahm Ausflüge und Reisen mit alten Freunden, half seinen Nachbarn und besuchte hin und wieder seine im Ausland arbeitende Tochter. Diese hatte denn auch die Idee eines Schrebergartencampus (in der Art eines Universitäts- oder Firmencampus), auf dem unterschiedliche Gebäude stehen und wo in diversen wissenschaftlichen Bereichen geforscht wird.

Aus aller Welt wurden verlassene Gartenhäuschen zu Wasser, Land und Luft an diesen Ort transportiert und in der Art eines Gartenhäuschen-Freiluftmuseums aufgestellt. Kein Wunder, dass dies zahlreiche Gartenbau- und Architekturinteressierte anlockte! Wo konnte man schon umgenutzte Hühnerställe, Gewächshäuser und Taubenschläge, zu Gartenhäuschen umfunktionierte Iglus, Jurten, Tipis, Gartenpavillons und Leuchttürme, Wasserreservoirs und Zirkuswagen, Container, Bahnwagen und Hexenhäuschen aus unterschiedlichen Weltgegenden und Jahrhunderten an einem einzigen Ort antreffen?

In diesem Schrebergartenfreiluftmuseum arbeiteten neben Chemikerinnen, Biologen, Historikern und Philosophinnen auch ein Wildbienenimker, ein Bombologe, zwei Hyazinthen- und Tulpenliebhaber, eine Farn- sowie eine Kakteenforscherin, ein Eulen- und zwei Fledermausexperten und ein Sprachforscher für Katzen- und Hundesprache. Der Pfingstrosenfreund, Initiator dieser Campus-Idee, soll in den Hyazinthenliebhabern zwei neue Freunde gefunden haben. Und Leo habe man oft in Begleitung einer Katze und einer Fledermaus beim Sprachforscher angetroffen.

Der Gartenzwergliebhaber

In jedem Schrebergarten gibt es die speziellen, aber auch die konventionellen Typen. Jene, die exotische Pflanzen züchten, andere, die diesen Ort fürs Wochenende mit Grillparty, Wurst, viel Bier und zahlreichen Freunden brauchen. Jene, die den Eigenbedarf an Gemüse anpflanzen, andere, die Rosengewächse kultivieren. Dann gibt es jene, die ihren Garten einem Konzept unterordnen und von denen hier bereits ein paar Geschichten erzählt wurden. Und schliesslich gibt es noch diejenigen – man könnte sie als spezielle Exzentriker bezeichnen –, die denken, sie hätten einen völlig konventionellen Garten. Was allerdings von Aussenstehenden umgehend in Zweifel gezogen wird.
Ein Mieter, den man zu dieser

Kategorie zählen könnte, besass zwei Gartenhäuschen, die Rücken an Rücken beieinanderstanden, wobei zwischen ihnen ein kleiner Abstand blieb, der als Weg verwendet wurde, wie die Spuren im Gras verrieten. Die beiden Häuschen waren unterschiedlich hoch, das eine braun, das andere ockerfarben angestrichen, wobei die Fallrohre für die Dachentwässerung sich nach verschiedenen Richtungen orientierten. Dass die beiden Häuschen einen Schutzwall oder Sichtschutz bildeten, erwies sich für diesen Mieter als Glücksfall. Er hatte sich der von Fritz Friedmann erfundenen, erweiterten und erforschten Nanologie verschrieben, der sogenannten Gartenzwergkunde. Jedoch standen auf seiner Parzelle nicht speziell, liess er Doc, Happy, Sleepy, Sneezy, Bashful, Grumpy und Dopey in einer Grösse von drei Metern in Beton giessen und bemalte sie in den Originalfarben. Er stellte sie in einen grossen Kreis, und zwar so, dass die Figuren in verschiedene Himmelsrichtungen schauten. Zusätzlich bevölkerten noch weitere Zwerge (stehend mit Garten-

ausschliesslich die Exemplare mit der roten Zipfelmütze und dem grünen Gartenschurz, die Friedmann und seine Nanologie verlangen, sondern auch jene, die uns aus Walt Disneys Zeichentrickfilm «Schneewittchen und die sieben Zwerge» bekannt sind, und weitere Arten. Allerdings, und das war nun doch sehr

schaufel, Giesskanne oder Laterne, sitzend auf einer Schnecke, einer Schildkröte oder einem Frosch und liegend auf einer Matte) den inneren Kreis, den die grossen Zwerge umschlossen. Dabei sorgten die sieben wie Hinkelsteine wirkenden Statuen für den notwendigen Schatten, der den kleineren Artgenossen im Sommer ein kühles Plätzchen garantierte. Kein Wunder, dass die Nachbarn über ihn lächelten und insgeheim vom Zwergen-Stonehenge tuschelten.

Die Tulpenexpertin

In einem antiquarisch erstandenen Buch über Gartenbaukunst lag zwischen den Seiten ein Zeitungsartikel, der sich mit einem privaten Garten befasste. Hier ein Auszug:

«Wenn man heute noch vom botanischen Hausgarten eines Felix Platter oder von den Gartenschöpfungen eines Zeyher (zum Beispiel Kirschgarten) mit Ehrfurcht spricht, so wird dereinst in der Stadtgeschichte dieser private Botanische Garten eine hervorragende Stellung einnehmen. Denn was hier geleistet wurde, ist ein bedeutsames Werk: Instinktsicher, richtig in der gärtnerischen und wissenschaftlichen Konzeption, modern in der Darstellung pflanzengesellschaftlicher Zusammenhänge (wie zum Beispiel die Ecke mit den schattenliebenden Bodenorchideen, die Ericaceen-Anlage, die Trockenmauer, die Steingärten mit den Gebirgspflanzen aller Herren Länder, die Moore, die Sümpfe und Wasserbecken usw.), eindrücklich in der überraschenden Fülle von Farben und Formen. (...) Der ganze Park ist eine glückliche Mischung von gärtnerisch-ästhetischen und botanisch-wissenschaftlichen Elementen. Schönste Rosen- und Zinnien-Beete liefern das intensive nachsommerliche Kolorit; bevorzugte Lieblingsgruppen, wie zum Beispiel Fuchsien und Geranien sind eine instruktive Zusammenstellung seltener Wildformen und überraschender züchterischer Erzeugnisse; bei anderen Gattungen, zum Beispiel bei Lewisia wurde eine möglichst komplette Zusammenstellung aller möglichen Arten angestrebt.»

Nachforschungen brachten ans Licht, wo sich der Garten befand und wie gross er war. Zwei Gärtnerinnen arbeiteten dort Vollzeit. Während sich die eine um die Bodenorchideen, die Ericaceen-Anlage, die Trockenmauer, die Steingärten, die Moore, die Sümpfe und Wasserbecken kümmerte, befasste sich die andere mit dem vor-, sommerlichen und nachsommerlichen Kolorit, mit allerlei Blumen, die nicht bloss dutzendweise, sondern en gros erworben wurden und ganze Rondelle und lange Rabatten zierten. In Heften und Tagebüchern notierte sie nicht bloss die Mengen an Tulpenzwiebeln, die sie bei Van Tubergen in Zwanenburg bestellte, sondern auch, wann die Sorten einzupflanzen seien und wann sie wohl blühen würden. Diese Notizen erleichterten ihr die Arbeit, da sie sich jeweils zu Zeiten neuer Bestellungen entsprechend orientieren konnte. Für uns sind

sie vor allem von historischem Interesse, weil wir dadurch wissen, was in diesem botanischen Privatgarten kultiviert wurde. Der Besitzer hat in weiser Voraussicht den gesamten Garten mit allen Pflanzen seinen beiden Gärtnerinnen vermacht. Dadurch konnte vieles erhalten bleiben, wichen doch die Villa und

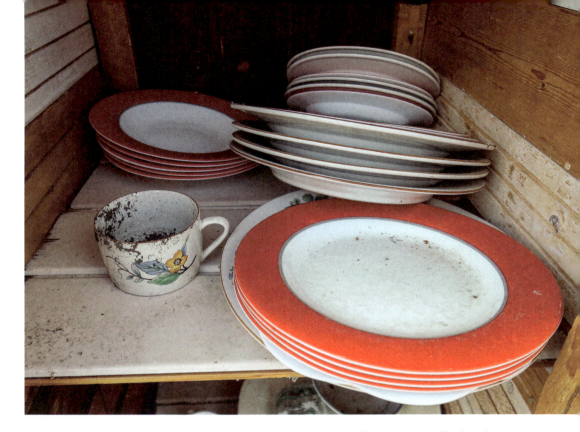

der grosse Garten zu Ende des vorigen Jahrhunderts einer Grossüberbauung. Diejenige Gärtnerin, die für die Blumen verantwortlich war, vermachte ihren Bestand ihrer Heimatstadt, da sie nicht über die Flächen verfügte, diese selbst anzupflanzen.
Sie hatte im Übrigen ein mobiles Gartenhäuschen, das sie dank einer Sondererlaubnis in den Parkanlagen der Stadt aufstellen konnte, in denen sie ihren Bestand einpflanzte und betreute.

Die Anstreicherin

Ihr Häuschen sah gepflegt aus. Es war aussen mit Brettern verkleidet, die abwechselnd rot und schwarz angestrichen waren. Unter dem Dach befand sich ein ornamentaler Fries. Grau, gelb und braun glasierte Ziegel gaben dem Dach das Aussehen eines Spatzengefieders. An die Veranda malte sie ein Muster aus Wildem Wein, in dem sich Seidenschwänze tummeln, sodass Besucherinnen und Besucher dachten, sie blickten in eine Hecke. Im Innern ihrer Werkstatt lagerten überall wild durcheinander Farbeimer, Pinsel, allerlei Werkzeuge, Abdeckmaterial sowie ein paar alte Klamotten voller Farbflecken. Auf der Veranda dagegen war alles ordentlich aufgeräumt, hier empfing sie Freundinnen zum Frühstück oder zur Jause, keine von ihnen wusste, wie es im Innern ihres Häuschens aussah, sie liess niemand dort hinein. Nein, sie war nicht Landschaftsmalerin, die frühmorgens mit der Feldstaffelei loszog, um ein besonders ansprechendes Motiv zu finden. Ihre Leidenschaft war die Flachmalerei, wobei auch dies nur teilweise richtig ist, hatte sie sich doch im Laufe der Jahre zur Spezialistin entwickelt: Sie war die Frau für Gartenzäune. Ob aus Holz, aus Eisen oder aus Betonguss (was eher selten vorkam), man holte sie, wenn es darum ging, Zäune neu anzustreichen. Meistens sollten diese grün sein, manche mochten sie auch naturbelassen oder wünschten sich neuerdings einen Staketenzaun aus Haselnussruten. Alle diese Aufgaben erledigte sie routiniert, ihre besondere Liebe aber galt dem Lattenzaun. Sie schraubte die Holzbretter vom metallenen Gerüst ab und säuberte sie sorgfältig, um sie schliesslich zu grundieren und in der gewünschten Farbe anzustreichen. Und weil es immer noch zahlreiche Pächterinnen und Pächter gab, die auf einem Lattenzaun bestanden, obwohl die Gartenordnung dies nicht mehr vorschrieb, hatte sie stets genug zu tun. Einstweilen befriedigte sie dies, doch empfand sie es mit den Jahren irgendwann als monoton und überlegte sich einen kreativen und thematischen Richtungswechsel.

Eines Sommerabends – sie hatte lange die besonders hartnäckigen Lackspuren von einem alten Zaun abgekratzt – war sie nach einem kühlenden Bier, das ein Nachbar ihr vorbeibrachte, vorübergehend eingenickt. Als sie wieder erwachte, war es Nacht geworden. Von einer nahen Buche erklang der Ruf eines Käuzchens, in der Wiese hörte sie ein Rascheln, das womöglich eher einem Igel als irgendwelchen Mäusen zuzuordnen war, und hinter den Hügeln sah sie den Mond aufgehen. In der Gegenrichtung erkannte sie ein anderes Licht, das sich rasch hin und her bewegte. Sie wusste damals noch nicht, dass in diesen Breitengraden eine Nachtgärtnerin hin und wieder nach Mitternacht ihre Arbeit verrichtete. Während sie eilig ihre Werkzeuge und die verbliebenen Latten zusammensuchte, tat die Gefahr das, was sie so unangenehm macht: Sie näherte sich, und zwar in Form eines Lichtkegels, hinter dem die Anstreicherin den Schatten einer Person erkennen konnte. Um sich und ihrem unbestimmbaren Gegenüber den Schreckmoment zu nehmen, zündete sie sich eine Zigarette an, worauf sie eine Frauen-

stimme fragte, ob sie eine schnorren könne. Nachdem sie eine Zeit lang still nebeneinander geraucht hatten, erzählten sie sich von ihren Aktivitäten. Von da an erfrischte sich die Anstreicherin in den Sommernächten regelmässig an einem kühlenden Bierchen, schlief darüber ein und begann nach dem Wiedererwachen die vor Wochen grün gestrichenen Zäune mit diversen bunten Farben zu übermalen. Solche Taten blieben zwar nicht unbemerkt, doch konnte sich niemand einen Reim drauf machen, wer hinter diesem Frevel stehen könnte. Verdachtsmomente kamen indessen auf. Und da man sich mehrheitlich darüber freute, verzichtete man auf weitergehende Ermittlungen.

Der Zitatensammler

Ist es Fantasielosigkeit oder ein extravagantes Konzept, das einen Schrebergartenbesitzer dazu bringt, Zitate von Kunstschaffenden so in seinem Garten zu integrieren, dass vermutlich nur Kennerinnen und Kenner es sehen (und natürlich er selbst)? Man kennt Ähnliches vom schottischen Künstler Ian Hamilton Finlay, der in South Lanarkshire seinen Garten «Little Sparta» anlegte und ihn mit zahlreichen Zitaten aus Literatur und Kunst versah. Es erinnert auch an die Enzyklopädie, die Armand Schulthess im Wald von Auressio (Südschweiz) auf Metallblechen festhielt und in die Bäume hängte, akribisch dokumentiert von Ingeborg Lüscher. Auch einige in diesem Buch vorkommende Geschichten lassen enzyklopädische oder zumindest dokumentarische Denkmuster erkennen. Wenn allerdings ein Gärtner die Kunstliteratur studiert, um daraus einen Anbauplan für seinen Schrebergarten zu entwickeln, und sich dabei für Künstlerinnen und Künstler wie Salomon Gessner, Arnold Böcklin, Paul Klee, Max Ernst, Meret Oppenheim und Hilma af Klint entscheidet, so lässt sich dahinter ein kompliziertes Konzept vermuten.

    Nachdem ich einige Male an seinem Grundstück vorbeigefahren war und ihn jeweils mit einem Buch zwischen den Blumen stehen sah, sprach ich ihn auf sein Tun an. Darauf erklärte er mir seine Absichten und zeigte mir eine Reclam-Ausgabe von Salomon Gessners «Idyllen» mit einer gezeichneten Vignette, auf der zahlreiche Gräser und Blumen zu sehen sind. Er hatte diese Pflanzen allesamt fein säuberlich bestimmt und ihre Namen an den Rand der Seite geschrieben, selbst die Erwähnung einer Hummel fehlte nicht. Und so wie sie sich auf dieser Vignette präsentierten, wollte er sie auch anpflanzen. Ebenso machte er mich auf ein Zitat zu

Arnold Böcklin aufmerksam, das er den Tagebüchern Otto Lasius' entnommen hatte, die 1903 in Berlin von Maria Lina Lasius herausgegeben wurden: «Wenn Sie Ihre Schmetterlinge betrachten, so werden Sie so recht sehen, wie eine reine ganze Farbe nur dann prächtig wirkt, wenn sie wie ein blitzender Edelstein in einem dazu passenden Geschmeide sitzt. Wie leuchtet in dem dunklen Trauermantel der

neapelgelbe Rand im Kontrast zu dem schönen
Blau daneben. Der liebe Gott, der versteht's zu
malen. Das ist ein verständiger Kolorist.
Die ganze Farbentheorie ist da auf die mannig-
faltigste Art und Weise praktisch gelöst und

künstlerisch verwertet. Man muß nur darin lesen können! Da wirkt kein Stück unharmonisch.» (S. 80 f.) Und nun war er dabei, alle jene Kräuter und Blumen anzupflanzen, die den Trauermantel anlocken. Sodann zeigte er mir das Werkverzeichnis von Meret Oppenheim und eine Liste, auf der er Entstehungsjahr, Werktitel und – wenn nicht im Titel selbsterklärend – auch die Pflanzenart aufgeschrieben hatte. Also: 1929, Wachtraum, Enzian; 1932, Rose im Glas; 1932, Granatapfelblüte oder 1956, Schneeglöckchen; 1957, Weisse Zyklamen oder 1978, Papageien-Tulpe. Und so kombinierte er Enzian, Rose mit Pilzen, Klee, Schneeglöckchen, Goldregen, Granatapfel- und Orangenblüten. Eine eigenartige, aber für das Gesamtwerk dieser Künstlerin auch nicht untypische Kombination.

Was mich am meisten interessierte, war, wie er zu seiner Auswahl gekommen sei. Von Gessners «Idyllen» habe er anlässlich eines Seminars bei Karl Pestalozzi zum ersten Mal erfahren und darüber eine Seminararbeit verfasst. Später hätten ihn dann die Flugobjekte Arnold Böcklins fasziniert und so sei er auch auf dessen Schmetterlings-Beschreibungen gekommen. Marcel Duchamp und seine Surrealisten-Freunde hätten sich auch für die surreale Romantik Arnold Böcklins interessiert, daher habe er sich mit Max Ernst und Meret Oppenheim befasst. Zudem hätten ihn Paul Klees Fantasiewelten von jeher interessiert. Der Frage, wie er auf Hilma af Klint gekommen sei, wich er allerdings aus. Es bleibt auch ein Rätsel, wie er ihre Kunst in seinem Garten interpretieren wollte.

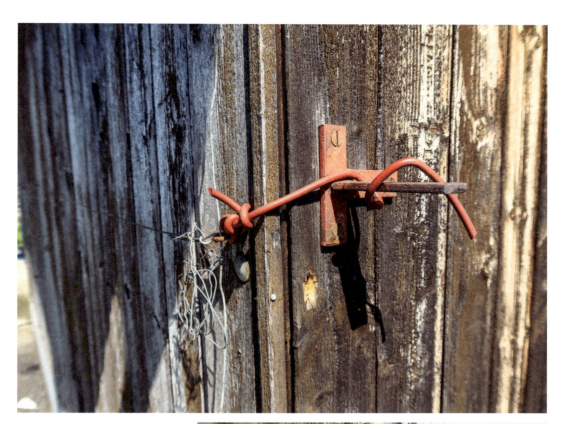

Die Nachtgärtnerin und der Bibliothekar

Viel ist nicht bekannt. Wir bemühen uns, die relevanten Ergebnisse unserer Nachforschungen hier zusammenzufassen, um ein möglichst vollständiges Porträt zu zeichnen. Ihre Lebensdaten kennen wir nicht, und obwohl die Erinnerung an ihre Gartenhäuschen zu verblassen droht, könnten wir den Standort nach wie vor bezeichnen. Allerdings haben die beiden keine Gegenstände zurückgelassen, die sachdienliche Hinweise auf ihren Verbleib und ihr Leben liefern würden. Das Gartenhäuschen der Nachtgärtnerin, eher ein winziges Kämmerchen, war merkwürdigerweise fensterlos. Im angebauten Werkzeugschuppen, der noch etwas kleiner als ihr Häuschen war, fanden sich ein paar verrostete Geräte, die allesamt zur konventionellen Sorte gehörten und lediglich von gewöhnlichen Arbeiten in Haus und Garten zeugten. Nur eine einzige Person aus ihrem Umfeld wusste zufällig Bescheid. Er war – seine Lektüre, der er sich in einem rot-weiss gestreiften Liegestuhl stundenlang hingab, liess darauf schliessen – mutmasslich Akademiker. (Später stellte sich heraus, dass er längst in Pension war, davor aber in der Bibliothek einer öffentlichen Institution gearbeitet hatte, sich für sakrale Kunst interessierte, eine Sammlung von Füllfedern sein Eigen nannte und dem Marzipankonfekt einer lokalen Konditorei nicht widerstehen konnte.) Da er Hitze nur schlecht ertrug, mied er in den Sommermonaten sowohl seinen Arbeitsplatz wie auch seine eigene Wohnung und zog sich des Öfteren in sein Refugium zurück, wo er

in jenen Zeiten auch immer mal wieder zu übernachten
pflegte. Er wusste zu berichten, dass die Nachtgärtnerin
(so nannte er sie stets, denn ihren korrekten Namen
kannte auch er nicht) in der Regel nach Mitternacht ihren
Garten pflegte, sei es, weil sie nicht schlafen konnte,
sie an einer Lichtempfindlichkeit oder einer ophthalmologischen Empfindlichkeit oder Krankheit litt.
Sie goss Pflanzen, band Blumen auf, schnitt Hecken oder
jätete Unkraut, das sie hin und wieder über den blau gestrichenen Gartenzaun auf das Grundstück ihrer Nachbarin
warf. Bisweilen soll sie auch fremde Gärten «gepflegt»
haben, wobei sie darauf achtete, nicht erwischt zu werden,
und sich daher hinter Büschen, Zäunen und Mauern versteckte und nur schnell einzelne Pflanzen schnitt. Immer
wieder wurden Beschwerden laut, es habe nachts mutwillige
Zerstörungen gegeben, Nachtbuben oder Betrunkene seien
am Werk gewesen. Sogar in der lokalen Zeitung erschien ein
kleiner Bericht über diese Aktivitäten. Allerdings fiel
selbst den Beschwerdeführern die Ästhetik der nächtlichen
Eingriffe auf.

 Zum ersten Mal gesehen hatte er sie in einer besonders
heissen Nacht, in der er wach lag und nach Mitternacht
seinen Kopf im Brunnen seines Gartens kühlen wollte. Auch
in den darauffolgenden Nächten habe er sie immer wieder
erspäht, habe sie aber, da ihr ästhetisches Empfinden selbst
Kritiker besänftigte, nie verraten, sondern als anonymer
Beobachter ihr Tun nur heimlich begleitet. Zudem sei ihm ihr
Ordnungssinn sympathisch gewesen. Man sei vor Jahren in
der Bibliothek einem Mitarbeiter auf die Schliche gekommen,
der mit einem Zahlenstempel einzelne Bücher auf der letzten
Seite nach einer eigenen Logik mit einer fortlaufenden
Nummer abstempelte. Erwischt habe man ihn, als er bereits
bei einer mittleren vierstelligen Zahl angelangt sei.
Und dann fügte er verschmitzt hinzu, er sei der Gartenpflege
schon lange überdrüssig gewesen, wollte nur noch lesen
und kleine Aufsätze verfassen und sei ihr dankbar gewesen,
als er eines Nachts feststellte, dass sie auch seinen
Garten in eine bestimmte Ordnung brachte. Er hätte es

zwar anders gemacht, das Experiment jedoch, einen
«fremden» Garten sein Eigen zu nennen, habe ihn gereizt.
    Wie wir von dieser Geschichte überhaupt erfahren
haben? Anlässlich der Buchpräsentation der wissenschaftlichen Forschungen Armando Hunzikers, die kurz vor
seinem Tod 2001 unter dem Titel «The Genera of Solanaceae:
Illustrated, Arranged According to a new System» erschienen
sind, erwähnte ein amüsierter Anwesender (es handelte

sich hierbei um unseren Informanten, den an allerlei Spezialgebieten interessierten Bibliothekar), dass es neben den Nachtschattengewächsen auf seinem Schrebergartenareal auch eine Person gebe, die ihren Garten ausschliesslich nachts pflege.

Die Insektenkartografin

Die junge, dynamische Frau, deren Aktivitäten hier beschrieben werden, suchte nach möglichst vielen verschiedenen Samen, um sie auf ihrer Insektenweide auszubringen. Eigentlich nicht der Rede wert, mag man denken, dafür gibt es Mischungen, die man direkt in die Beete säen kann, doch ihr Ansatz war ein anderer. Sie suchte nach verblühten und verdorrten Pflanzen im Stadtgebiet und überlegte sich dabei, welchen Weg die Insekten gehen, hüpfen und fliegen, um diese, wenn sie in voller Blüte stehen, zu erreichen. Wie überwindet ein Schmetterling eine Sackgasse, wie meistert ein Käfer einen Verkehrskreisel,

wie weicht die Libelle einer Glasfassade aus und welche Umwege nehmen Bienen, Hummeln und Wespen in Kauf, um an ihr Ziel zu gelangen. Zu diesem Zweck notierte sie sich Vorgärten, Hochbeete sowie Pflanzgefässe aller Art, die in manchen Städten im öffentlichen Raum stehen, kartografierte Parkanlagen, botanische Gärten und Friedhöfe, wobei sie jeweils die sonnigsten Orte im Blick behielt.

Dafür verwendete sie Kopien von Stadtplänen, in denen sie in unterschiedlichen Farben die Wege und Routen einzeichnete. Diese kombinierte sie zu einer grossen Übersicht und

montierte sie an den Wänden ihres Schuppens. Dieser glich einer langen, hohen, aber schmalen Holzkiste, die oben über einige friesartige Fenster verfügte und mit einem Wellblech bedeckt war. Da nicht alle Viertel und Quartiere Platz hatten, besorgte sie sich zusätzliche Holzplatten, die über Schienen an den Wänden verschoben werden konnten.

In aufliegenden Heften notierte sie Anzahl und Gattungen der Pflanzen, die sie an einem Ort entdeckte, sowie die Insekten, die sie an einem Stichtag dort zählte. Einzelne Insekten erkannte sie an ihrem Summen, wobei sie immer wieder von der Herausforderung sprach, diese aus den Geräuschen des Stadtverkehrs zu filtern und die Tiere zu lokali-

sieren, um so Hummeln oder Wildbienen auf ihren Streifzügen verfolgen zu können. Auch stellte sich heraus, dass es nicht einfach war, einem Schmetterling im Stadtverkehr hinterherzurennen, da sie sich im Gegensatz zu ihm an Verkehrsregeln halten sollte, um das Risiko eines Verkehrsunfalls zu reduzieren. Basierend auf ihren Aufzeichnungen und Karten, gestaltete sie ihren Garten wie eine kleine Stadt mit verschiedenen Quartieren, wobei sie dort jeweils die Samen aussäte, die sie in den entsprechenden Quartieren gefunden hatte. Ihr Garten wurde dadurch zum verkleinerten Bild ihrer Forschungen.

Ampfer, Flockenblume, Dill, Wilde Möhre, Zitronenmelisse, zahlreiche Gräser wie Knäuelgras,

Lolch, Pfeifengras, Rispengras, Schmiele, Schwingel, Trespe, aber auch Spitz- und Breitwegerich, Löwenzahn und Roter Wiesenklee, Brennnessel, Brombeere, Himbeere, Distel, Fenchel und Fetthenne wurden getreu ihren Aufzeichnungen im Garten platziert. Ob die Insekten und Schmetterlinge in ihrer Anordnung die Stadt wiedererkannten, liess sich nicht eruieren.

Nachwort

Wenn Sie bis hierhin das Buch durchgeblättert, die Bilder betrachtet und die Texte gelesen haben, fragen Sie sich vielleicht, ob die Geschichten sich tatsächlich so ereignet haben. Falls Sie sich aber bereits beim Schneiden von Nachbars Hecke, beim Versuch, Eisblumen zu züchten, oder beim rauschhaften Riechen an Pfingstrosen beobachtet haben, sollen Sie wissen, dass es hierfür eine Bezeichnung gibt. «Bovarysmus» ist die Möglichkeit des Menschen, sich vorzustellen, jemand anderes zu sein, um sich eine neue Persönlichkeit für sich auszudenken. Leben Sie diese Vorstellung aus, lassen Sie sich aber dabei nicht erwischen!

Silvia Buol, Künstlerin und Performerin, www.silvia-buol.ch
Simon Baur, Kunsthistoriker und Publizist, www.simonbaur.ch

Dank

Wir danken allen Freundinnen, Freunden und Bekannten, die uns mit Ideen, Inspirationen und Fragen unterstützt und begleitet haben.

Début Début, Philipp Möckli und Anna Landvik danken wir für die interessante Zusammenarbeit und für die einzigartige Gestaltung des Buches. Wir danken Anna Sophia Herfert für das bewährte Lektorat und die seit Jahren gute Zusammenarbeit, der Herba-Plastic AG, Nunningen, für den Umschlag und Birgit Landgraf sowie dem gesamten Team der DZA Druckerei zu Altenburg GmbH für die hervorragende Leistung beim Druck dieses Buches.

Ein besonderer Dank geht an Vinzenz Baur, Christina Born, Roman Bucheli, Martin P. Bühler, Franziska Haldi, Jacques Herzog und Pierre de Meuron, Andreas Krähenbühl, Nikolaus Meier, Agnes Stockmann, François Thomas und alle Menschen, die uns inspirierten oder in irgendeiner Form unterstützten.

Für finanzielle Förderung danken wir zahlreichen Gönnerinnen und Gönnern, die sich seit Jahren für unsere Projekte und Bücher interessieren.

Speziell erwähnen möchten wir:
Alexander Sarasin
Eva Meuli

WILLY A. UND HEDWIG
BACHOFEN-HENN-STIFTUNG

die nomadisierenden veranstalter

Kanton Basel-Stadt
Kultur

Gedruckt mit Unterstützung der Berta Hess-Cohn Stiftung, Basel

Impressum

Herausgeber: die nomadisierenden veranstalter
Texte: Simon Baur
Fotos: Silvia Buol
Lektorat: Anna Sophia Herfert, Frankfurt am Main
Gestaltung & Satz:
Philipp Möckli, Anna Landvik, Début Début, Basel
Schrift: ABC Diatype
Papier: Munken Lynx Rough
Druck, Lithografie & Herstellung:
DZA Druckerei zu Altenburg GmbH, Altenburg
Einband: Herba-Plastic AG, Nunningen

©2024 Texte Simon Baur
©2024 Fotografien Silvia Buol

Alle Rechte vorbehalten; kein Teil dieses Werks darf in irgendeiner Form ohne vorherige schriftliche Genehmigung der Herausgeber reproduziert oder unter Verwendung elektronischer Systeme verarbeitet, vervielfältigt oder verbreitet werden.

ISBN 978-3-033-10728-1

nomad nougat